復習継続法Jr.版

あなたの子どもは頭がいい！

著 長野雅弘
聖徳大学 教授
取手聖徳女子中学校・高等学校 校長

監修 鈴木由美
聖徳大学 教授

小学4年生〜中学2年生

小さな子どもの学力を、ラクに、グ〜ンと伸ばす3つのお話

Pan Rolling

まえがき

◆本書で紹介する3つのお話とは

2013年11月に発刊した『行動科学に基づいた驚異の復習継続法』は、おかげさまで好評で、多くの方からご要望、問い合わせ、お礼をいただきました。

いただいたご要望（質問）の中で、多かったベスト3は次のとおりです。

◎中学受験を考えて勉強させているのですが、子どもでも理解できる復習継続法を教えてください
◎どこで、どれくらい勉強すればいいのでしょうか?
◎ほめて育てなさいという本が多数出ていますが、本当ですか? その理由がわかりません。
無理してほめている私（母親）はまるでピエロのようです

このご要望にお答えするものを出そうと、小学4年生から中学2年生までの子どもを想定して作ったのが本書です。具体的には、次の3つのお話を紹介しています。

◎子どもとの接し方（ほめて育てること）
◎学力アップに直結する「勉強のやり方」と「勉強の続け方」
◎学力アップを支える生活習慣

第1章では、幸せを感じると伸びるというスピンドルニューロンの話を紹介します。このスピンドルニューロンが伸びるとどういう良いことが起こるのか、このスピンドルニューロンを伸ばすにはどうすればよいのかなど、興味深いお話を取り上げます。

第2章では、前著『行動科学に基づいた驚異の復習継続法』で紹介した「勉強のやり方」と「勉強の続け方」について解説します。

復習継続法を採用し、明確な結果を出し続けた結果、今では、全国の学校から視察を受け、この学習法を取り入れ始めた学校も増えてきています。

ただ、真面目に取り組めば結果は付いてくると思いますが、この本の読者として想定している小学4年生から中学2年生が前著で紹介したやり方をそのまま真似しようとしても少し難しいかもしれません。そこで、小さな子どもたちが読んでもわかりやすいように、キャラクターに登場してもらい、「何をすべきか」を絞って書きました。第2章は、ぜひ、お子さんに読んでほしいと思います。

復習継続法自体はとてもシンプルですし、「復習を、毎日、続けていく」という勉強法ですので、「そんな当然のことをやっていて本当に学力が上がるのか」と考える人がいてもおかしくはありません。でも、「当たり前だから駄目」というようなことは、もちろん、ありません。大事なのは、「わかる状態になる」ということ＝学力がついたということなのです。わからないことをわからないまま放置しないための仕組みが復習継続法なのです。

ひとつ、お願いがあります。シンプルに見えても、復習という作業を、効率的な手順で、毎日続けていくことが口で言うほど簡単ではないことは、少し想像すればわかると思います。子どもはこの大変な作業を学生の間は続けていかなければならないのです。だからこそ、途中でへこたれないように、お父さんやお母さんにぜひサポートしてもらいたいと思います。

第3章では、学力アップを支える生活習慣について、お話しします。大きくは「子ども部屋（効率を上げる空間力）」「育脳に効果的なマル秘食材」「規則正しい生活リズム（三点固定主義）」について解説します。

いずれの内容も、科学的な実証の裏付けがされているものであり、勘や経験則といった、あいまいなものではありません。

◆早い段階で始めましょう！

本書を出す目的は、もうひとつ、あります。それは、「復習継続法を始めるなら早いほうがよい」という理由からです。67ページや70ページから始まるコラムで詳しく紹介しますが、いつ始めるのかによって、その後の学力の伸びが違ってきます。

本書では、先にも少しふれましたが、小学4年生から中学2年生までを想定しています。子どもが小さいうちに始めたほうが、親の言うことを素直に聞いてくれる分、学力も早く身に付きます。

本書を手に取り、読んだだけで終わりにしないで、一連の流れをぜひ行動に移してみてください。

長野雅弘

第1章 子どもはほめて育てましょう

1 ほめるか。叱咤激励するか。 ～スピンドルニューロンの話～

◆「幸せ」を感じて伸びる神経細胞がある

子どもはほめて育てるほうがよい。
子どもは叱ってこそ伸びる。

子どもの育て方には、昔から諸説あります。ほめて育てることと、叱咤激励して育てることを比較した場合、どちらがよいのかについては一概には言えませんが、ひとつ、おもしろい話を紹介したいと思います。

人間の脳の中には、嬉しいことがあったり、楽しいことがあったりなど、**幸せを感じると伸びる神経細胞**があるのをご存知ですか。この幸せを感じて伸びる神経細胞のことを**スピンドルニューロン**と言います。「幸せだなぁ」と感じると、この神経細胞はどんどん伸びていきます。一説には、喜びを感じると、トータルで3キロメートルくらいにまで伸びるそうです。驚きですよね。ちなみに、スピンドルニューロンは左目の側頭葉より少し右の位置にあります。ここから、喜びを感じるたびに伸びていきます。

◆スピンドルニューロンが伸びると良いことばかり

幸せを感じて伸びるスピンドルニューロンの存在は、アメリカの解剖学の研究によって発見されました。どういうことかといいますと、人生を楽しく生きてきたニコニコばあさん、ニコニコじいさんのスピンドルニューロンはものすごく伸びていたということが、研究の結果、わかったのです。逆に、人生に不満を抱いていたガミガミばあさんやガミガミじいさんのスピンドルニューロンはほとんど伸びていなかったそうです。

研究の難しい話は横に置いておくとして、特筆すべきは、スピンドルニューロンが伸びると「人間にとって良いことしか起こらない」ということです。

まず、スピンドルニューロンが伸びると「やる気」が出てきます。というのも、幸せな体験を重ねて伸びてきたスピンドルニューロンには、ストレスに抵抗できるだけの強い力が備わっているからです。我慢強くなりますし、やる気が出れば気持ちが前向きになりますから、必然的に考え方や想像力にも良い影響を与えます。一言で言ってしまえば、脳が活性化される、というわけです。事実、スピンドルニューロンが伸びている人を調べた結果、スピンドルニューロンが伸びると次ページのような効果が見られることもわかっています。

スピンドルニューロンは一度伸びたら、縮まないこともわかっています。もう、おわかりですね。伸びれば伸びるほど、何事にもめげない強い心が作られるのです。

◆スピンドルニューロンの伸ばし方

では、幸せを感じる神経細胞「スピンドルニューロン」が伸びるのはどんなときなのでしょうか。実は、それも研究されてわかっています。ランキング形式で、上位の3つを紹介しましょう。

第3位は「おいしいものを食べたとき」や「美しい風景を見たとき」です。要するに、おいしい食事をして感動する、きれいな景色を見て感動するなど、良い刺激を受けたときにスピンドルニューロンは伸びます。

スピンドルニューロンが伸びると見られる効果

- やる気が出る
- 前向きになる
- ストレスに強くなる
- 我慢強くなる
- 考え方・想像力に良い影響を与える

第2位は「一生懸命やって、ようやくできた」というような達成感や充実感を得たときです。やり遂げたときの満たされた気持ちを感じると、スピンドルニューロンは伸びます。

さて、第1位の紹介です。それは、「我慢してやってきたことをほめられたとき」です。一生懸命やった結果を人にほめてもらったとき、スピンドルニューロンは伸びます。

ちなみに、ほめるときのコツは、他人との比較(「あの子よりも頑張ったね」など)にしないことです。例えば、「この前の英語テストは50点だったけど、今日は80点だったね。毎日頑張ったもんね。えらいね」というように、頑張った行為をほめてあげてください。テストの点を上げるために、遊びたい気持ちも我慢して、一生懸命頑張って結果を残したわけです。これでもかというくらい愛情を込めてほめてあげて、幸せを感じさせて、スピンドルニューロンを伸ばしてあげましょう。

ところで、子どもは誰にほめられると一番喜びを感じるのか、わかりますか？　実は、この問題にも結論は出ています。ほめて一番ニューロンが伸びるのはお母さん、2番目が先生、3番目が友人。ただし、2番と3番はほとんど接近しています。

「あれ？　お父さんは？」と聞かれそうですが、残念ながら、お父さんはいつまでたっても出てこないの

スゴイ！
第1位
第2位
第3位
わぁ〜
きれい！

です（※これは、赤毛ザルで行われた実験の結果、言えることです。オスザルと子ザルの関係は、人間の父子のような深いものではないとされています。そのため、この結果がそのまますべて人間に当てはまるとは、現段階では言えません。しかし、仕事優先のお父さんには、この赤毛ザルの結果を「他山の石」にしてほしいと思います）。

でも、お父さん、がっかりしないでくださいね。遊びに行ったり、きれいな景色を一緒に見に行ったり、おいしい食事を一緒にしたりなど、お子さんの記憶にはお父さんの存在が強く焼きつき、スピンドルニューロンは伸びていますから。

お母さんのほめ言葉が子どもにとって、何よりのご褒美ということをどうぞ頭の中に入れておいてください。

2 ほめれば良いことが起こる

◆ほめるときの留意点

ほめるときには、お母さんなどのほめ言葉以外に、モノをあげるのも効果的です。「モノでつってもいいんですか」とよく聞かれるのですが、モノをあげることは本当は良いことなのです。ただし、豪華なものではなくて、アイスとか、菓子類がいいでしょうね。

少しの景品はより一層効果を増すと証明されていますので、「頑張ったね」の気持ちをモノの形で表すのもいいのです。「モノでつるなんて……」と考えないようにしましょう。

ほめるときには、ひとつ、注意してほしいことがあります。それは、先ほども少しふれたように、「我慢して頑張った行動」をほめてあげるとよいという点です。わかりやすい例で言うと、「テストの点、良かったね」ではなく、「テストの点、良かったね。テレビも漫画も我慢して、毎日、頑張ったもんね」という具合に、結果だけでなく、結果に至るまでの過程もほめてあげてください。

◆ほめることは子どもにとって良いこと

ここで、話をまとめてみましょう。幸せの神経細胞「スピンドルニューロン」が一番伸びるのは人にほめられたとき、特に家庭でお母さんがほめるときです。このスピンドルニューロンが伸びると、やる気が出たり、前向きになったり、ストレスへの耐性ができたり、我慢強くなったりなど、考え方や想像力に良い影響を与えてくれます。

このように、ほめてあげると、良いことばかりなのです。少なくとも、ほめた結果として、悪いことは起こりません。もちろん、ときには怒ることだって必要です。でも、怒るのはダメなことをしたときだけで十分です。普段の生活は「ほめる」ことを中心に育ててあげてください。

ほめてあげれば、子どもは喜びます。またほめてほしいから、次もほめてもらえるような行動をとります。この好循環を、ぜひ作ってください。このような良い関係ができれば、子どもは幸せを感じますから、スピンドルニューロンがどんどん伸びます。スピンドルニューロンが伸びれば、それだけ、子どもにも良い影響が出てきます。そうです、子どもはますます幸せになっていくのです。

ほめて育てれば子どもは伸びる。

このことは常に意識してほしいと思います。

第2章
子どもの学力を伸ばす勉強のやり方と続け方

また、２０点！　もう、どうしてこれしか点が取れないの！
しっかり勉強したの？

ごめんなさい。勉強はしたんだけど……。

そして、３日後。

え〜っ、今度は３５点。本当に勉強しているの？

ごめんなさい……。

どうして勉強ができないのかな？　誰に似たんだろうね？

おやおや！　お母さん、子どものテストの結果を見て、ずいぶんイライラしていますね。子どもの成績を見て、頭ごなしに叱ってしまったことのある親御さんも多いことでしょう。

子どもの成績が良くないというのは、保護者にとって、大なり小なり、ストレスになることはよくわかります。だから、ついイライラしてしまう気持ちもわかります。

どうしてこの子は勉強ができないんでしょ。
誰に似たのかしら？
こんな成績のまま大人になってしまったらどうしよう、などなど……。

なかには、イライラが転じて、子どもの将来を不安に思って手を出してしまう人もいます。

でも、勘違いしないでください。子どもの成績が悪いのは「頭が悪いから」ではないのです。むしろ、**今、成績が悪くても、心配しないでほしい**と思います。なぜなら、勉強ができるできないは、頭の良し悪しで決まるわけではないからです。

では、勉強ができる・勉強ができないを決めるのは何なのでしょうか。それは2つあります。

ひとつは、勉強のやり方を身につけているかどうか。
もうひとつは、勉強の続け方を身につけているかどうかです。

勉強のやり方って何でしょう?
勉強の続け方って何でしょう?

この章では、学力を伸ばすための、毎日の勉強法を紹介します。保護者の方だけではなく、お子さんにも読んでほしいところですので、読みやすいように、キャラクター「フクロウ（）・お母さん（）・ツトム君（）」に登場してもらいます。

それでは、始めましょう！

勉強のやり方を学ぶ「その1」〜予習と復習どちらが大事？〜

どうしていつもこんなに成績が悪いの？
真面目に勉強しないからテストで良い点が取れないのよ。
しっかりしなさいよ。

お母さん、お母さん。
そんなにツトム君を怒らないで。

あら、あなたはどなたなの？

私はフクロウと申します。一応、学問の神様です。
お母さんが、旅行先で、
お守りにしようと私を呼んでくださったのではないですか。

あら、そうでしたっけ？

まぁ、それはいいですよ……。
お母さんの怒っている姿があまりにも美しくなかったので、
余計なお世話かもしれませんが、守り神らしく、
勉強のコツなるものをアドバイスしようかと思いまして。

勉強のコツ？

そうです。コツと言いますか、
学んだことを定着させる方法です。

そんなものがあるんですか？

ありますとも！　いいですか、お母さん。
頭が良いから成績が良いわけでもなければ、
頭が悪いから成績が悪いわけでもないんですよ。

どうして勉強ができないのかというと、
実は、勉強のやり方がわかっていないんですよ。

はぁ、勉強のやり方ですか？

そうです。お母さん、お子さんに対して、
勉強しなさい！とよく言ってますよね。
でも、具体的に、何をどうやって勉強すればよいのか、
どのくらい勉強すればよいのか、教えていますか？

それは、ちょっと……。よくわからなくて。

ですよね。だったら、これからお話ししますので、
よく聞いてくださいね。
まず、勉強の方法として、大きく、予習と復習に分かれます。
ここで、質問です。予習と復習、どちらかを選びなさいと言われたら、
お母さんならどちらを選択しますか？

う〜ん、どちらでしょうね。

もし、時間が無限なら、
予習も復習もやったほうがいいに決まってます。
でも、残念ながら、時間は限られています。
1日24時間のうち、
子どもが自由にできる時間はほんのわずかです。
そのわずかな時間に予習も復習も詰め込むのは不可能です。

それはわかりますが……。
となりますと、どちらが大事なの？

答えを先に言うと、復習のほうが大事です。
予習はやらなくてもいいです。
なぜなら、これから学校で学ぶことだからです。
わからないから学ぶのです。
だから、予習をする時間があるなら、

復習する時間を増やしてください。

復習のほうが大事なんですか？

はい、復習をやることだけに集中してください。
あれもこれもやろうと思ってもパンクするだけで、
物事の定着は図れません。時間の無駄です。

絞り込まないといけないわけですね。

お母さん、その通り！
そして、もうひとつ。
人は忘れやすい動物であるということも、
復習を大事にする理由です。
エビングハウスの忘却曲線というものがあります。

それは何ですか？

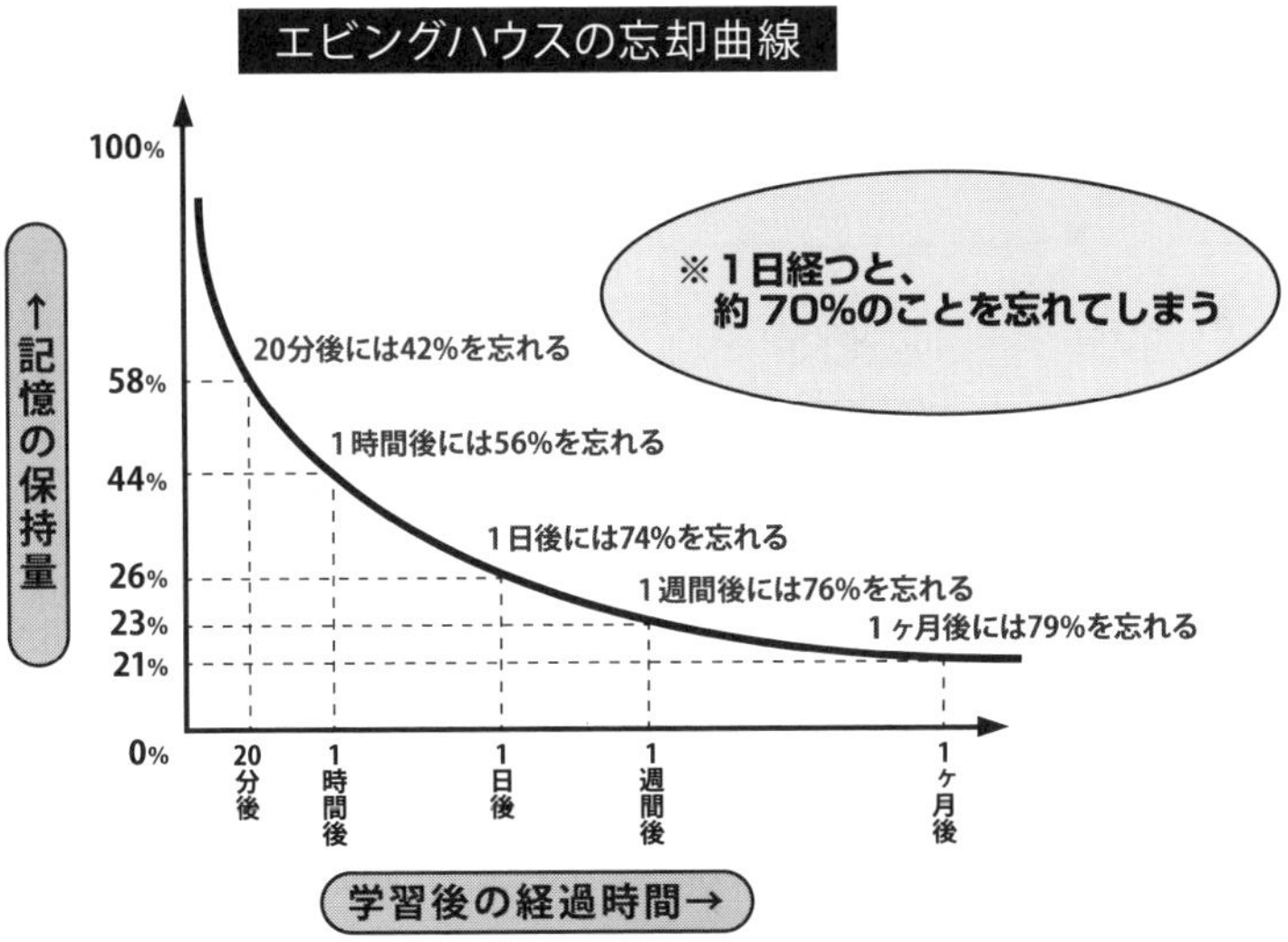

これは、人が忘れやすいということを示したグラフです。
人は忘れやすいからこそ、
忘れないうちに復習しておく必要がある、
というわけですね。
そして、忘却曲線を見るとわかるように、
できれば、その日のうちに、
振り返ったほうがいいというわけです。

勉強のやり方を学ぶ「その2」～復習って何をやることなの？～

ところで、「復習する」と言っても、
具体的に何をさせればいいのでしょうね？

良い質問ですね。
確かに「復習しなさい」と言われても、
具体的に何をすればよいのか、
どんな行動を取ればよいのか、わかりませんよね。
これは、とても大事なポイントです。
勉強には復習が大事とお話しすると、
そんな当たり前のことを今さら……、
と言う人がたくさんいます。
ですが、「復習するのにどんな行動が必要なのか」と質問すると、
はっきり答えられないものなのです。

そういえば、そうですね。

何をすべきか、知ってしまえばよいだけのことですから難しくはないですよ。
では、これから**復習に必要な行動**について、お話ししますね。
まず、基本は授業をしっかり受けることです。
これは大前提ですね。
授業をサボって成績を上げようと思っても、
それはやっぱり難しいですよね。
では、どういう態度で授業を受けるのか？
ツトム君も一緒に聞いてくださいね。

はい。

先生が**黒板に書いたこと**は、
すべて**ノートに書き写して**ください。
小学生には難しいかもしれないですが、
できれば、**先生がお話ししていることもノートに書いてください。**

最初は多くのことを書けないかもしれませんが、
1週間もたつと、たくさん書けるようになりますよ。
授業の内容が書かれているノートは「魔法のノート」です。
なぜなら……。ノートの中には、
成績を上げるための魔法（ポイント）がちりばめられているからです。

なるほど！

家に帰ってきてからが本番です。
その日、学校で習ったことを**記憶だけを頼り**に、
書き出し用のノートを用意して、そこに書き出します。
いわゆる**思い出し**です。
35ページに私が用意した
復習シートを使ってもらうと便利です（75ページ&76ページ）。

そんな便利なシートがあるのね。

復習シートを使うときは、**「思い出し」**の欄に、
記憶だけを頼りにして
授業の内容を**黒いシャープペンシル（鉛筆）**で書き出します。
それが終わったら、**「復習」**の欄に、
ノートを見ながら、思い出せなかったことを
赤いボールペンで書き込みます。
このとき、もしお子さんが手こずっているようでしたら、
お母さんが少し手伝ってあげてください。

どうやって手伝えばいいのですか？

ここでのコツは、**今日は何したの？　どんなことを覚えたの？**と、
出だしのところで、お母さんが子どもに、やさしく聞いてあげることです。
小さい子の歩き始めには補助してあげますよね。それと同じです。
1時間目なんだった〜？　あっ、今日は国語だったの。
今日は何やったの？　あっ、そう〜。じゃ、書いてごらん、
という感じでどんどん覚えていることを書かせていきます。

復習シート

校時	科目	思い出し（何も見ずに）10分	復習（思い出せなかったことを書く）10分
❶			
❷			
❸			

記憶だけを頼りに覚えていることを黒のシャープペンシル（鉛筆）で書く

ノートや教科書を見ながら思い出せなかったことを赤のボールペンで書く

※最初は、それぞれ10分かけてもいいですが、慣れてきたら、思い出し5分、復習7分を目安にしてみてください

そうなのね。

ここで大事なのは、一日の授業が5時限あったとして、
5時限をまとめて復習するのではなく、
1時限ごとに区切って復習することです。

どういうことですか？

例えば、1時限目が国語、2時限目が算数（数学）、
3時限目が社会、4時限目が理科、5時限目が英語だったとします。
このとき、国語、算数（数学）、社会、理科、英語を、
すべて一気に思い出させるようなことはしないでくださいね。
国語の授業だけを思い出させて、
思い出したことを**黒のシャープペンシル（鉛筆）**で復習シートに書かせて、
それが終わったら、
すぐにノートと教科書を出して、

あっ、**こういうことを忘れてたね**という具合に確認させながら、思い出せなかったことを**赤のボールペン**で書いていきます。

それが終わったら、
次に算数（数学）の思い出しに移るという流れにしてください。

少しずつ時限ごとに区切って進めてください。

そういうやり方をしないと、子どもが飽きてしまいます。


わかりました。

今日一日分の復習が終わったら、
覚えたことが本当に定着できているかを確認するために、
今日の範囲の問題集もやりましょう。
授業の内容をきちんと覚えたかどうかを確認したいわけですから、
問題集については、**教科書の内容に沿ったもの**がいいと思います。
重要ポイントがまとめてあったり、
確認テストが付いていたりするようなものなら、さらにいいでしょう。

そうなんですね！

間違えた問題については、
その問題の頭にバツ印（×印）をつけておきます。
なぜだかわかりますか？

間違えたところを、あとで振り返るためですね。

正解です。
バツ印はできなかったサインではないんですよ。
あとで振り返るための大切な印なんです。

そういう意味があるんですね。

あっ、大切なことを言い忘れていました。
思い出しのところで、
もし子どもがなかなか思い出せなかったとしても、

絶対に怒ってはいけません。
今日は、何やってたの！　とか、**忘れたの！**　とか、
そういうことをやってしまうと、
この勉強の時間を子どもが一番イヤがってしまうからです。

私、やりそうだわ。気をつけないと。

今まで話したことを、毎日、やっていけば、学力は必ずついてきます。
最初のうちはお母さん（もしくはお父さん）の負担が大きくなってしまうかもしれませんが、
お子さんが習慣化してしまえば、それほど手をかけなくて大丈夫になりますよ。
家族みんなで、子どもの学力を上げていきましょう。

そうね。

余談ですけど、小学生社長誕生という話題で有名になったある人は、
難関校に合格した秘訣《ひけつ》を尋ねられたとき、
授業中に黒板を丸暗記して、あとは問題を解きまくった、と答えています。

すごい話ね。夢があるわ！

このエピソードからも、授業の振り返りと、授業で習ったことを記憶に定着させることの大切さがわかりますね。

僕にもできるのかな。

ツトム君、大丈夫だよ。心配ないよ。キミは頭が悪いんじゃなくて、勉強のやり方を知らなかっただけなんだから。

【ひとくちメモ：自分だけのノートを作りましょう】

ノートは、英語で「notebook」と書きます。note（メモ）とbook（本）です。メモでぎっしりのノートは、まさにあなた独自の本になります。大事なことや覚えていないことはノートに書き出して、自分だけの本を作るようにしてみてください。

勉強のやり方を学ぶ「その3」 ～復習に必要な行動を分解&整理しよう～

ここまでのお話、わかりましたか？

復習が大切なこと、その日のうちに学んだことを記憶に定着させることの重要性はわかりましたけど……。
なんだか難しそうですね。
うちの子に本当にできるのかしら。どうしても不安なのよね。

いいですか、お母さん。決して難しくはないんですよ。
もし難しいと感じるなら、それは……。
何をすべきか、どんな行動を取ればいいのかが、まだわかっていないのでしょうね。

そうなのかもしれないわねぇ。

わかりました。
復習に必要な行動をもう少し細かく分解&整理して、
行動手順として紹介します（次ページ）。
難しいと思える行動も、簡単と思えるレベルにまで分解すると、
難しいと感じることなくできると思います。
ちなみに、このように行動を細かく分解して歩んでいくことを
スモールステップといいます。

あっ、その言葉は聞いたことがありますよ。

少しずつ階段を上っていくイメージですね。
次ページのステップ1～4を順番にこなすだけで、効果的な復習ができるはずです。
慣れてしまえば、誰にでもできることなのですよ。

授業の振り返りでやるべき行動手順

大前提　授業をきちんと受ける

① 黒板に書かれたことをノートにすべて書き写しましたか

② 先生の話をノートにメモしましたか？

ステップ1
準備をしよう！

① 机の上は整理・整頓されていますか？

② 筆記用具、教科書、学校のノート、復習シート（復習用のノート）を準備しましたか？

ステップ2

授業で習ったことを、記憶だけを頼りに、思い出せる限り、思い出してみましょう。そして思い出したことを「黒のシャープペンシル」で書き込みましょう。時間は10分。

ステップ3

ノートや教科書を出して、思い出せなかったことを「赤のボールペン」で書き込みましょう。時間は10分。

ステップ4

今日、授業で習った範囲を問題集で確認しましょう。解けない問題があったら×印（もしくは付箋でも可）をつけておいて、後日、やり直しましょう！

勉強のやり方を学ぶ「その４」 ～参考書や問題集の使い方～

学校の授業をきちんと振り返って
復習していれば、それだけで学力は付いてくると思いますが、
なかには、**受験に向けて、テストに向けて、**
もっともっと本格的に勉強したい人がいると思います。

うちの子ももう少し大きくなったら考えないと……。

そういう人向けに
参考書や問題集の勉強のやり方も説明しておきましょう。
参考書の多くは、**覚えてほしいところを太字にしています**ので、
そこは必ず覚えるようにしてください。
さらに、**太字のまわりの情報**も頭に入れておくようにします。
覚えるときのコツは、**手を使う**ことです。

ノートでも白紙でも構いませんので、手を使って、書いて覚えてください。
そうそう、書くだけでなく、声に出して耳から情報を入れ直すこともオススメです。
効果も実証されているので、試してみてください。

へ～、そうなのね。

思い出せなかったところは、あとで反復学習できるように、付箋《ふせん》をつけてください。
もしくは反復学習用のノートを作って、
思い出せなかったことを抜き出して、そこに書き込んでください。
反復学習用のノートはオススメです。
そこにはつまずいたこと、つまり、できなかったことだけが書いてありますから、
あとで振り返るとき、効率が良いと思います。
参考書や問題集を使った勉強の行動手順も次ページにまとめておきますね。
この順番で勉強してみてください。

それは助かるわ！

参考書&問題集でやるべき行動手順

大前提　参考書の内容を覚える

①太字を覚えましたか？
②太字のまわりを覚えましたか？
③ポイントを覚えましたか？

ステップ1 準備をしよう！

① 机の上は整理・整頓されていますか？
② 筆記用具、参考書（または問題集）、学校のノート、復習シート（復習用のノート）を準備しましたか？

ステップ2

参考書で覚えたことを、記憶だけを頼りに、思い出せる限り、思い出してみましょう。そして思い出したことを「黒のシャープペンシル」で書き込みましょう。時間は10分。

ステップ3

参考書を出して、思い出せなかったことを「赤のボールペン」で書き込みましょう。時間は10分。

ステップ4

問題集で確認しましょう。解けない問題があったら×印（もしくは付箋でも可）をつけておいて、後日、反復しましょう！

勉強の続け方を学ぶ「その1」～数値目標と期限とすべきことを決める～

勉強のやり方は、だいたいわかりましたか?

はい。復習に絞って勉強すること。
その日のうちに振り返ること。
定着できているかどうかが大事なこと。
そういうことはわかりました。

ところで、勉強のやり方がわかれば、
すぐにでも成績が上がると思いますよね。

それはもう。

でも、実は、やり方を知っただけでは、

学力は上がらないのです。いや、上がりにくいのです。

えーーっ。そんな……。

継続は力なりという言葉がありますよね。
やり方を知っていても、それを続けられないと、
実は何も身に付きません。
たとえ、一時的には良くなったとしても、
継続できないと、結局、元に戻ってしまいます。

つまり、続け方も知らないといけないということ？

そうです。むしろ、続け方を知るほうが
大事かもしれません。

続け方ですか……。

継続できないと伸びが止まって、元に戻る

はい。ここからは、どのようにして続けていくのか、その話をしていきましょう。

わかりました。

何かを続けるためには行動を起こすことが必要です。それはわかりますよね？　ところで、行動を起こす原動力が何か、知っていますか？

行動を起こす原動力ですか？

わかりませんか。答えを言いますと、目標を決めることなのです。

目標？

そうです。何か達成したいことがあるから、
行動しようと思うわけです。

確かにそうかもしれませんね。

ところで、目標ってどんなものだかわかりますか？
例えば、ダイエットしたいと考えている人がいるとします。
その人は「痩《や》せよう」と思っているとします。
このとき、「**痩《や》せよう**」は目標でしょうか？

えっ、目標だと思いますけど、
わざわざそういう聞き方をするということは、
痩《や》せようは目標ではないっていうことですよね。

そうなんですよ、お母さん。
このときの「痩《や》せよう」は目標とは言えません。
もし別の言葉で置き換えるなら、夢ということになるでしょうか。

夢ね～。

はい。単なる夢である「痩《や》せよう」を目標に変えたいのであれば、**数値目標と期限と行動（すべきこと）**を加える必要があります。

具体的に言うと、「いつまでに、何キロ痩《や》せるのか」、そのために「何をするのか」を決めるのです。

例えば、1ヶ月後までに5キロ痩《や》せるために、**毎日30分運動しよう**ということであれば、それは立派な目標と言えます。

なるほど！

このように、目標を決めるときには数値目標と期限と行動を必ず決めてください。

勉強で言うなら、**学校で習ったことを振り返るために、1日（寝るまでに）、2時間勉強する**などが数値と期限と行動を決めた目標と言えるでしょうね。

勉強の続け方を学ぶ「その2」〜大きな目標と小さな目標を決める〜

目標を立てるとき、
ひとつ、注意してほしいことがあります。
何かといいますと、大きな目標と小さな目標、
2つを同時に考えるということです。

大きな目標と小さな目標？

はい。夢は大きくというわけではないですが、
大きな目標を立てることはとても良いことです。
でも、あまりにも目標が大きすぎると、
いつまでたっても達成できないような感覚になってしまうことがあるのです。
そこで登場するのが小さな目標です。
これをスモールゴールと言います。

小さな目標を作り、それをひとつずつ、こなしていくことで、
いつの間にか、大きな目標にたどり着いていた、という流れにするといいのです。
これは、先ほど、勉強のやり方でお話しした、スモールステップとよく似ています。
要するに、階段を一段ずつ、登っていくイメージです。

大きな目標というと、どのくらいのものなのでしょうね。

そうですね。
毎日の勉強のことですから、だいたい1週間でやるべき目標を決めればいいと思います。
1週間で国語の勉強を3時間するとか、
1週間で算数の問題集を10ページ進めるとか、
そういう感じになりますね。

では、小さな目標というと？

大きな目標が1週間ですから、小さな目標は1日単位でいいでしょう。
1週間で国語の勉強を3時間すると決めたのなら、

国語の授業があった日には、１日で（寝るまでに）、
最低でも30分は国語の振り返り勉強をするとか、
１週間で算数の問題集を10ページ進めると決めたなら、
１日で（寝るまでに）、
最低でも２ページは数学の勉強をするとか、
そういうやり方になりますね。

１週間のゴールを決めて、
さらに中継地点を作るというわけね。

そうです。ここで、ひとつ、注意点です。
小さな目標を決めるときには、
達成可能なレベルまでハードルを下げてください。
なぜなら、達成する充実感を味わってほしいからです。
継続するという行動を好きになってもらえるようにしてください。

勉強の続け方を学ぶ「その３」〜行動できたかどうかをチェックする〜

大きな目標を立て、小さな目標も決めたら、あとはその目標の達成に向けて行動を開始します。

このとき、実際に行動できているのか、きちんと計測するようにします。

最初に数値目標を決めたのも、実は、行動できているかどうか、確認しやすくするためでもあるのです。

具体的にどうすればいいの？

あとで紹介しますが、私が用意する**継続シート**を使ってください。

例えば、国語の授業があった日に、１日で（寝るまでに）、

最低でも３０分は国語の勉強をする、という小さな目標を決めたとします。

それがきちんと達成できたら丸印（〇印）を付けます。

このとき、勉強した時間も一緒に書いておくといいかもしれません。

達成できなかったときには、もちろんバツ印を付けます。


あら、少し面倒だわね。


チェックするだけですから、すぐに終わりますよ、お母さん。

大事なのは頑張っている姿を自分の目で確認することなのです。

ここまで頑張ったんだ!ということがわかれば、これから先のやる気にもつながると思います。


そうですね。やってみるわ。

勉強の続け方を学ぶ「その4」～ごほうびとペナルティ～

もしお子さんがきちんと行動できたら、ごほうびをあげてくださいね。

えっ、ごほうびをあげてもいいの？　甘くない？　モノでつってもいいの？

いやいや、お母さん。やるべきことをやったのですから、そこは評価してあげてください。

あら、そうなんですね！

ごほうびについては、ちょっとしたもので構いません。
例えば、やることがきちんと終わったら、
漫画を読んでも、お菓子を食べても、ゲームで遊んでもいいでしょう。
ごちそうを食べに連れて行ってあげてもいいでしょうし、お小遣いをあげてもいいでしょう。

でも、どこまでやったら
ごほうびをあげるといいんでしょうね。

そうですね。
大きな目標（1週間のゴール）を達成できたら、
ごほうびをあげるといいでしょうね。
もしくは、ポイントカード形式にして、
小さな目標（スモールゴール）を達成したら、
ポイントが貯まるような感じでもいいでしょうね。
ポイントが大きく貯まったら、ポイント数に応じて、
ごほうびをあげてもいいでしょう。
スーパーや美容室などのポイントカードと同じ考えですよ。
このあたりの話は、各ご家庭で考えていただければと思います。
ところで、子どもが一番喜ぶごほうびって、ご存知ですか？

いえ、それは何でしょうか？

それは、ほめ言葉なんですよ（※第1章参照）。
特に、お母さんのほめ言葉が一番効くんです。

あら、そうなの！
それじゃ、思いっきりほめてあげないとね。

ほめて子どもが伸びてくれるのだから、
簡単ですよね、お母さん。

ところで、フクロウさん、
目標を達成できなかったらどうするのですか？

もし、目標を達成できていなかったら、
約束を破ったのですから、ペナルティ（罰）を科しましょう。
ペナルティとしては、
もし目標の勉強時間に2時間足りなかったとしたら、
楽しみにしていたごほうびがもらえなくなってしまうなどがいいでしょう。

よく
がんばったね
スゴイ!!
お母さんも
うれしいよ！

ポイントカードを作っているのなら
貯まったポイントの一部没収でもよいかと思います。
やるべきことをやらないままではいけないということを、
お子さんに教えるようにしてください。
やればごほうびがもらえる。やらなければ罰がある。
このことを子どもにしつけてください。

わかりました。

そして……。
お父さん、お母さんにお願いです。
お子さんの味方になってあげてください。
サポーターになってあげてください。
何かを続けようと思っていても、
時間が経つと、ひとりきりでは
心が折れてしまいがちになります。
そんなときはお子さんに肩を貸してあげてくださいね。

勉強の続け方を学ぶ「その5」～継続シートの使い方～

続け方の最後の話として、私が用意した継続シートの使い方を解説します。

継続シートですか？

大きな目標のところには1週間の目標を書きます。
スモールゴールのところには1日の目標を書きます。
国語、数学……の科目のところでは、行動ができているかを計測します。
スモールゴールが達成できていれば丸印を付けます。
このとき、授業の振り返りを計測したときには「時間」を
参考書などの振り返りを計測したときは「ページ数」を
一緒に書き込んでください。
最終的に、1週間全体での学習時間や学習量を測り、
目標が達成できていれば、ごほうびをあげてください。

継続シート

大きな目標（1週間の目標）　署名：

スモールゴール（1日の目標）

【科目】	月	火	水	木	金	土	日
国語	（　）	（　）	（　）	（　）	（　）	（　）	（　）
数学	（　）	（　）	（　）	（　）	（　）	（　）	（　）
理科	（　）	（　）	（　）	（　）	（　）	（　）	（　）
社会	（　）	（　）	（　）	（　）	（　）	（　）	（　）
英語	（　）	（　）	（　）	（　）	（　）	（　）	（　）
計	…….	…….	…….	…….	…….	…….	…….

【1週間の学習時間】　計　　時間

【1週間の学習量】　計　　ページ

【目標は達成できたか】　はい　・　いいえ

※Ａ４に拡大コピーして使ってください

継続シート

※記入例（学習時間計測）

大きな目標（1週間の目標）　　署名：

今週の目標は学校の授業の振り返りを完璧にすること。覚えるまで徹底的にやること。勉強時間は10時間以上すること。

スモールゴール（1日の目標）

毎日、その日のうちに授業の振り返りをすること。思い出せなかったことには印をつけておくこと。勉強時間は1日2時間を目安にすること。

【科目】	月	火	水	木	金	土	日
国語	○（40分）	—（　）	—（　）	○（40分）	○（40分）	○（50分）	○（50分）
数学	○（40分）	—（　）	○（40分）	○（40分）	—（　）	○（50分）	○（50分）
理科	—（　）	○（30分）	○（30分）	—（　）	○（30分）	—（　）	○（40分）
社会	—（　）	○（30分）	—（　）	○（30分）	○（30分）	○（40分）	—（　）
英語	○（40分）	○（40分）	○（40分）	—（　）	—（　）	○（50分）	○（50分）
計	120分	100分	110分	110分	100分	190分	190分

【1週間の学習時間】　計　15時間

【1週間の学習量】　計　—　ページ

【目標は達成できたか】　はい（circled）・いいえ

まとめ　～ここまでの話のおさらい～

勉強のやり方と続け方。
この2つをマスターすれば、学力は必ず上がります。
このことはわかっていただけたかと思います。

はい。

私は、復習を毎日継続するこの勉強法を
復習継続法と呼んでいます。
毎日毎日の積み重ねが大事というわけです。

そうですよね。

ひとつだけ、注意してほしいことがあります。

それは、復習継続法は「毎日の家庭学習だ」ということです。
受験前などになって、あわててこの勉強法を始めても効果は実感しにくいでしょう。

ああ——っ。そうか！

ただし、応用はできます。
塾の講義について、**思い出しと復習（定着）**をしてもいいです。
受験参考書を覚えてから、その日のうちに、今日勉強した範囲について**思い出しと復習（定着）**をしてもいいです。
やり方はいろいろありますので、試してみてくださいね。

はい、いろいろやってみますね。

ただ、何度も言うように、毎日、学校の勉強をきちんと記憶に定着させておけば、試験前や入試前に大慌てしなくて大丈夫なはずです。
継続は力なりですからね。

復習継続法は始めるなら早いほうがよい

物事を始めるのに遅すぎることはないという話を聞いたことがありませんか。
多くの場合、それは確かに、その通りなのかもしれませんが、勉強法に関しては少し違います。

どういうことですか？

勉強法というのは「習慣を身に付けること」にほかならないからです。
勉強するクセをつけるわけですから、やっぱり早ければ早いほうがいいのです。

どのくらいの年齢になったら始めればいいのかしら？

ツトム君と同じくらい、小学校の高学年からなら始められると思いますよ。
ただ、最初のうちは、ひとりでやるのは難しいでしょうから、
慣れるまでは、お母さんが一緒に手伝ってあげてくださいね。

1時限目はなんの授業だった？　という質問をしたり、復習シート（もしくは白紙を6等分したものでも可）への書き込みを手伝ってあげたりなど、一緒に始めれば子どもはスタートしやすいですよ。

ちなみに、これをベイビーステップといいます。幼児の一人歩きのときに手を貸すのと一緒です。

わかりました。

とにかく大事なのは、**その日のうちに、学習したことを覚えてしまう**ことです。

覚えてしまうための方法は、**思い出しと復習（定着）**です。

記憶だけを頼りに思い出す。

思い出せなかったことを書き出して、後日、やり直して、徹底的に覚える。

この繰り返しです。そして……。何よりも親御さんのほめ言葉、特に**お母さんのほめ言葉**が子どもにやる気を与えます。

学力はないよりもあったほうがいいです。何よりも、子どもの将来の選択枝が増えます。

早いうちから勉強することを習慣付けて、お子さんの可能性を広げてあげてくださいね。

はい。頑張ります。

100

コラム：復習継続法の効果について

◆復習継続法で学力は伸びる！

本章で紹介してきた復習継続法がどのくらい効果があるのか、このコラムで実例を紹介します。

次ページの上段のグラフの右側を見てください。これは、復習継続法を取り入れた取手聖徳女子中学校・高等学校の高校３年生の偏差値の伸び（英・国・数の３教科）を示したものです。入学当初（高校１年生４月時点）の全生徒（特別進学コース）の平均偏差値は５６・５でしたが、それから約１年半が経過した高校２年生の９月には平均偏差値が５９・３まで伸びています。

次ページの上段のグラフの左側も見てください。これは同校の中学２年生の全生徒の平均偏差値の伸びを示したものです。入学当初（中学校１年生４月時点）の平均偏差値は４８・２でしたが、それから約９カ月が経過した１２月には平均偏差値が５４・７まで大きく伸びています。

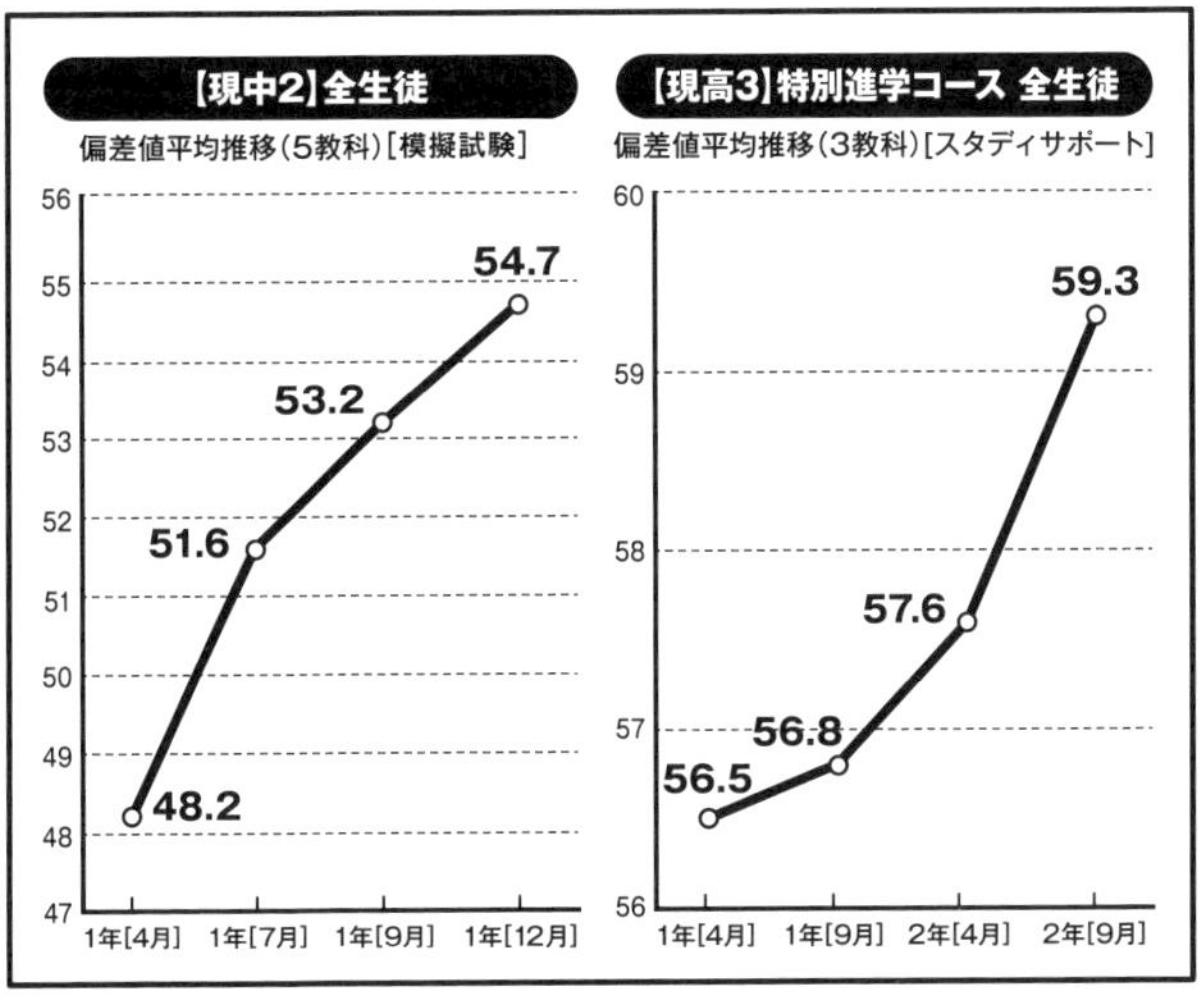

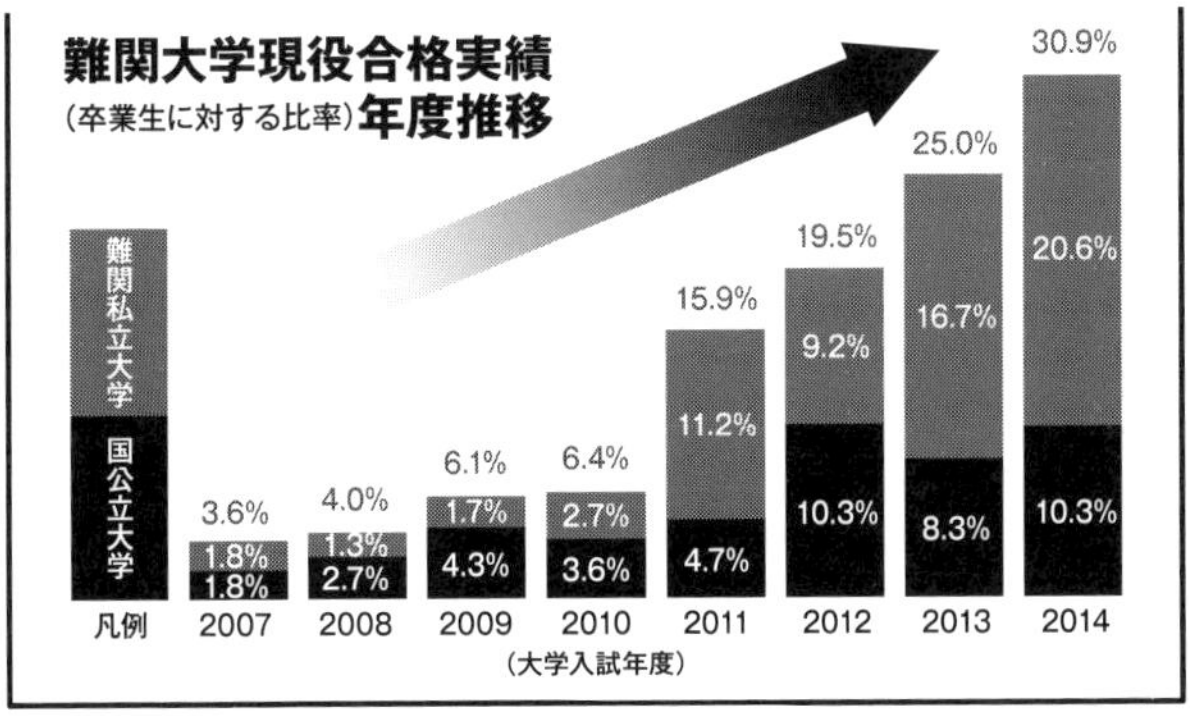

本グラフにおける難関私立大学

早稲田大学
慶応義塾大学
上智大学
東京理科大学
国際基督教大学
学習院大学
明治大学
青山学院大学
立教大学
中央大学
法政大学
関西学院大学
関西大学
同志社大学
立命館大学
南山大学
西南学院大学
日本女子大学
東京女子大学
津田塾大学

また、前ページの下のグラフは卒業生（特別進学コース）の最終進学先を示したものです。国公立大学と難関私立大学への進学の合計が、毎年、増えているのがわかると思います。

もうひとつ、グラフを見てもらいましょう。次ページの表は、中学3年生全生徒と高校3年生全生徒（特別進学コース）の「学力の伸長グラフ」です。

この表で特筆すべき点は、どちらも2年前に比べて「C判定」と「D判定」の割合が減少し、「A判定」と「B判定」の割合が増えているところにあります。この結果から、一部の生徒だけの好成績で平均点が上がっているわけではないということがわかります。ほとんどすべての生徒の学力がもれなく底上げされているところ、いわゆる「落ちこぼれ」がいない状態を作り上げているところに〝すごさ〟があるのです。

◆始めるなら早いほうがいい

ここで、もう一度、71ページの偏差値の伸びのグラフを見てください。中学生と高校生を比較した場合、中学生のほうが高校生よりも学力の伸びが高いとわかります（中学生は6・5ポイント上昇。高校生は2・8ポイント上昇）。これは、67ページでも紹介したように、早く始めたほうが

【現中3　全生徒】
学習到達ゾーン分布推移
（学力推移調査 3教科）

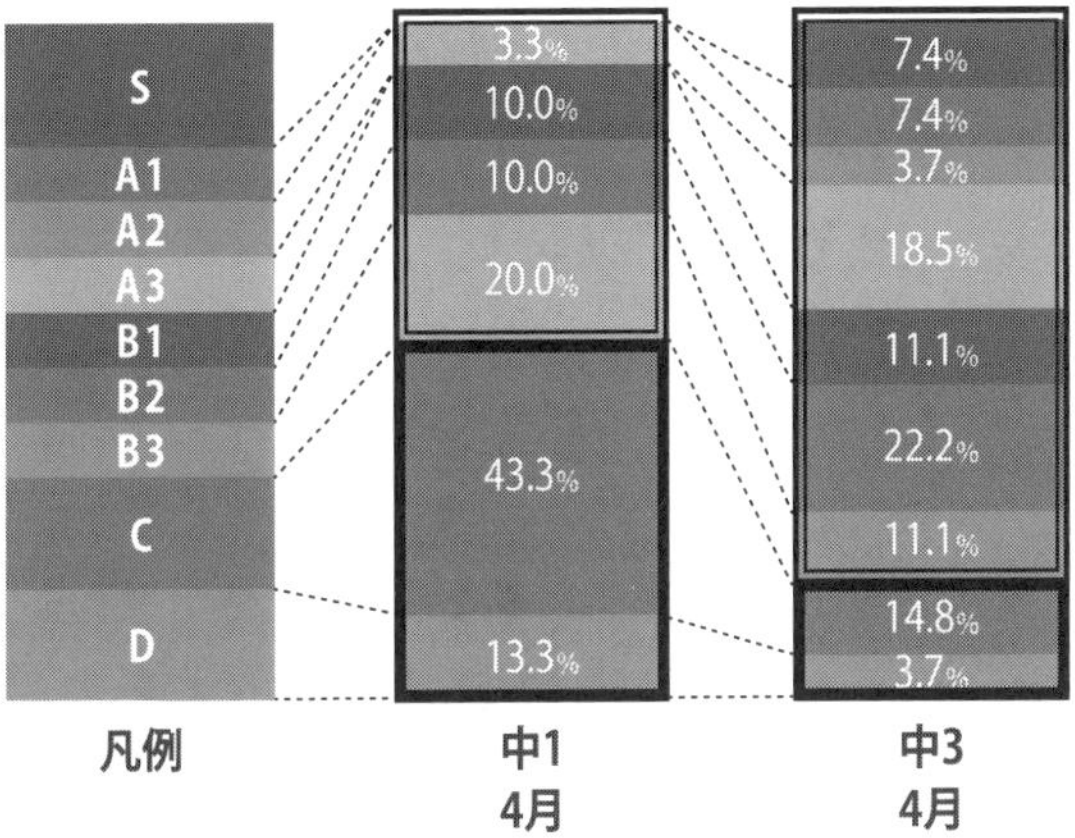

C判定とD判定（太線囲み）が激減し、その分、A判定とB判定（二重線囲み）が激増している

【現高3　特別進学コース全生徒】
学習到達ゾーン分布推移
（スタディサポート 3教科）

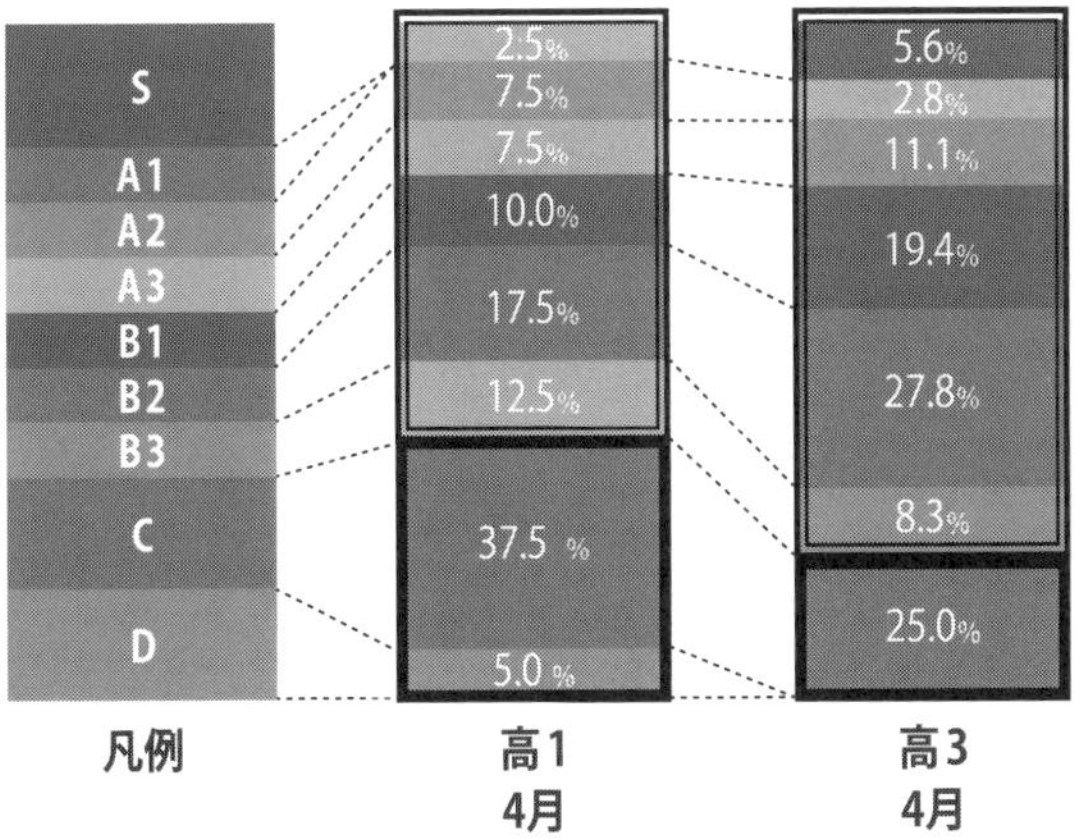

D判定がなくなり、C判定も減少している（太線囲み）。
その分、A判定とB判定（二重線囲み）が増えている。
生徒全員の学力が底上げされているとわかる

効果が高いことを示しています。

勉強法に限って言えば、始めるのが早ければ早いほど、その効果を強く実感できると思います。小学校高学年のうちから、勉強する習慣をつけていけば、将来的に、学力の大きな伸びも期待できると思われます。

復習シート

校時	科目	思い出し（何も見ずに）10分	復習（思い出せなかったことを書く）10分
❶			
❷			
❸			

※Ａ４に拡大コピーして使ってください

復習シート

校時	科目	思い出し （何も見ずに） 10分	復習 （思い出せなかったことを書く） 10分
❹			
❺			
❻			

※Ａ４に拡大コピーして使ってください

第3章 生活面をサポートして子どもの学力を伸ばしましょう

1 はじめに

第2章で「勉強のやり方と続け方」についてお話ししました。「勉強のやり方と続け方」は学力を上げるための中心となる重要な要素です。

ただ、それだけやっていればよいかというと、そんなことはありません。学力を効率的に上げるためには子どもの生活環境にも注意を払っておく必要があります。具体的には次の3つを意識してください。

◎子どもが勉強する空間とは?
◎マル秘食品とは?
◎子どもの理想的な生活リズムとは?

本章では　子どもの学力を上げるために欠かせない、こうした生活面でのお話を紹介していきます。

2 子どもの勉強部屋について　～空間力を上げて効率アップ～

◆空間力を上げる部屋作り

子どもの学力アップを考えるとき、「どこで勉強するのか」もとても重要な要素になります。お子さんは、普段、どこで勉強していますか？　子ども部屋ですか？　リビング学習が流行っていますからリビングですか？

フランスの2つの大学が「空間環境を整える、つまり空間力を上げるとそこで行っていることの効率が30～35％もアップする」という研究結果を学会で発表しました。

ここでいう空間力とは「機能性」と「イメージの具体化」と「季節感」の3つを指します。それぞれ見ていきましょう。

①機能性

機能性についてお話しします。子ども部屋をイメージしてみましょう。部屋の中の整理・整頓《せいとん》ができていますか？

最初に勉強机を見てください。机の上は整理・整頓されていますか？　整理とは「いるものといらないものに分ける」ことです。分類されていますか？　整頓とは「必要なものを重要度の高い順に分けて並べ替えていくこと」です。筆記用具が出しっぱなしになっていませんか。よく使う参考書や問題集、辞書などが整理・整頓されていますか。必要のないものまで机の上にありませんか。あれもこれもごちゃごちゃにしないで、使い勝手の良いように整えてください。

今度は部屋の壁を見てみましょう。ポスターやカレンダーなどをベタベタ貼っている光景もよく見られます。受験を控えたお子さんの場合、「必勝」とか「合格！」といったものも貼ってあるかもしれません。学校の時間割も貼ってあることでしょう。

机の上と同じく、部屋の壁はとても目に入りやすいところです。ですから、ここも整理したほうがいいです。具体的には、長い期間にわたって表示していくものと短期間だけ表示していくものにまず分けてください。例えば、学校の時間割または塾の時間割などは長期の保存になります。長期間ずっと掲示していくのでラミネートにして貼り付けるとか、台紙の上に貼り付けるとか、「ずっと剥《は》がさないよ」ということがわかる

◆整理・整頓された勉強机

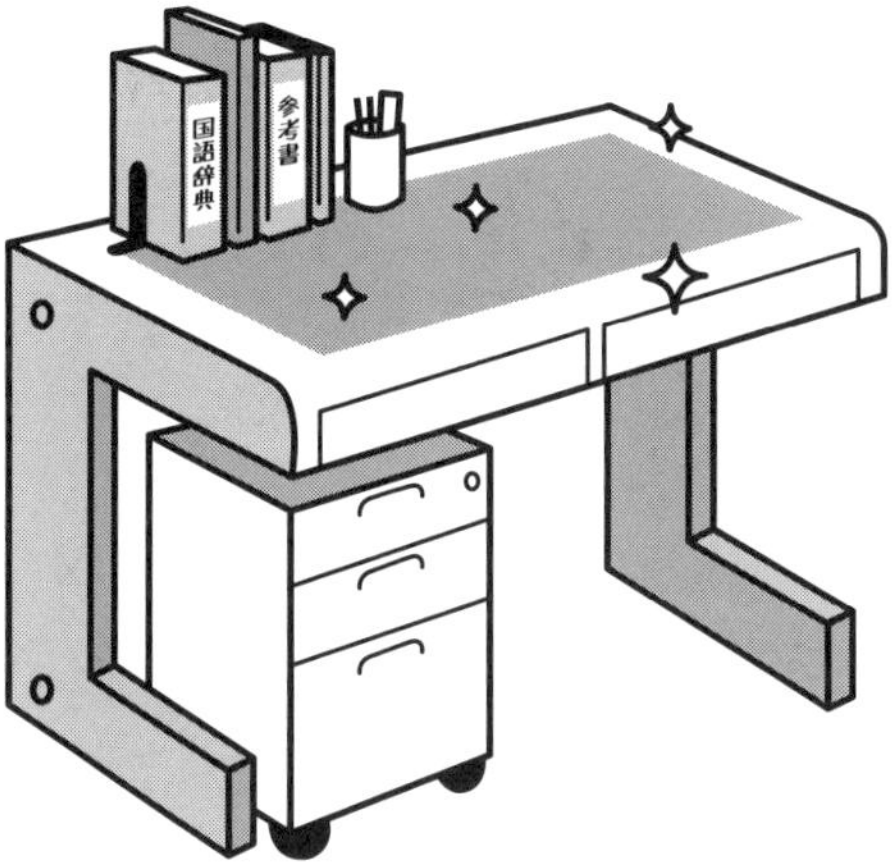

◆長期で使うものには台紙やラミネートが効果的

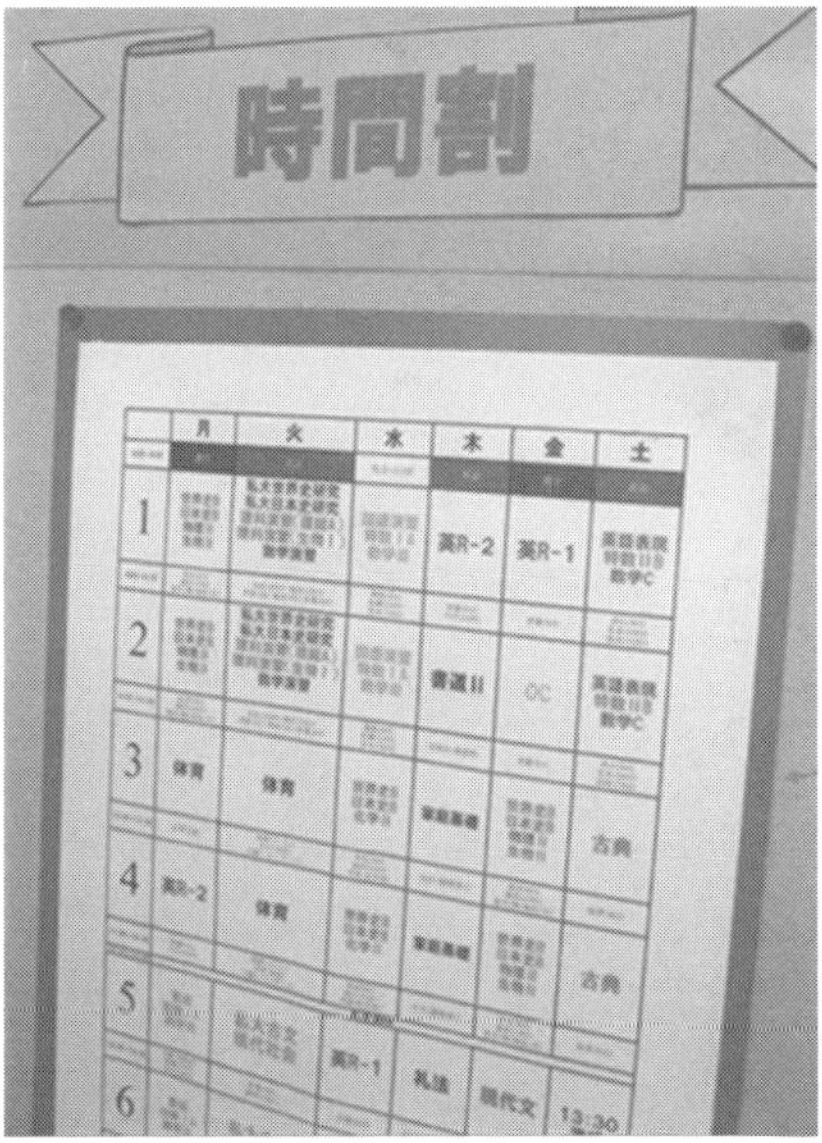

ようにしておくといいでしょう。

今週はコレ、来週はコレという具合に短期で動いていくものについては台紙や飾り付けなどはいりません。必要があるごとに貼って、用が済んだらすぐに剥《は》がしてください。いらないものをすぐに剥《は》がすと、長期で必要なものと、短期でクルクル変わるものに分けることができます。

さらに、塾に通っているようでしたら、学校用のスペースと塾用のスペースに分けて整理・整頓しておくのも効果的です。

長期で必要なものと短期で変えていくものに分類できたら、次にトピックスに矢印をつけていきます。例えば、時間割。今日が月曜日だとしたら、「月曜日」のところに矢印などを付けて目立つようにしておきます。「今週の目標」のようなものを貼り出すのであれば、飾り付けなどをして目立たせてもいいでしょう。

②イメージの具体化

イメージの具体化とは、「長期的なゴールのイメージ＝最後まで見通せるゴールのイメージ」を明らかにしてあげることです。なぜ、こういうことが必要かというと、大人は比較的長い時間軸で物事を考えることができますが、子どもには少し難しいからです。

小学生なら小学校6年生、中学生なら中学校3年生が一応のゴールになると思いますので、そこまでの道のりがわかるようにしてあげてください。

◆トピックスには矢印などを

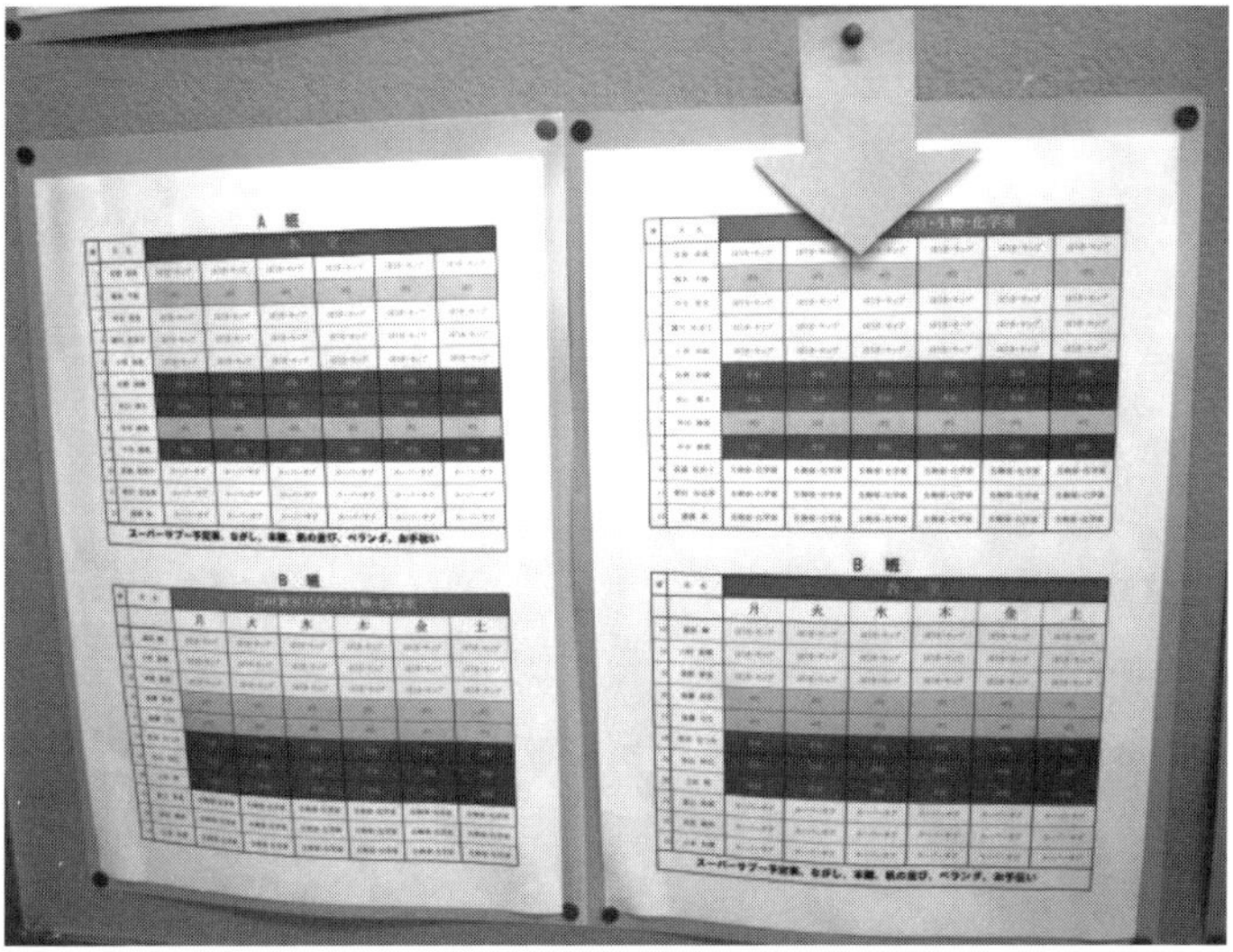

◆やるべきことのイメージを具体化

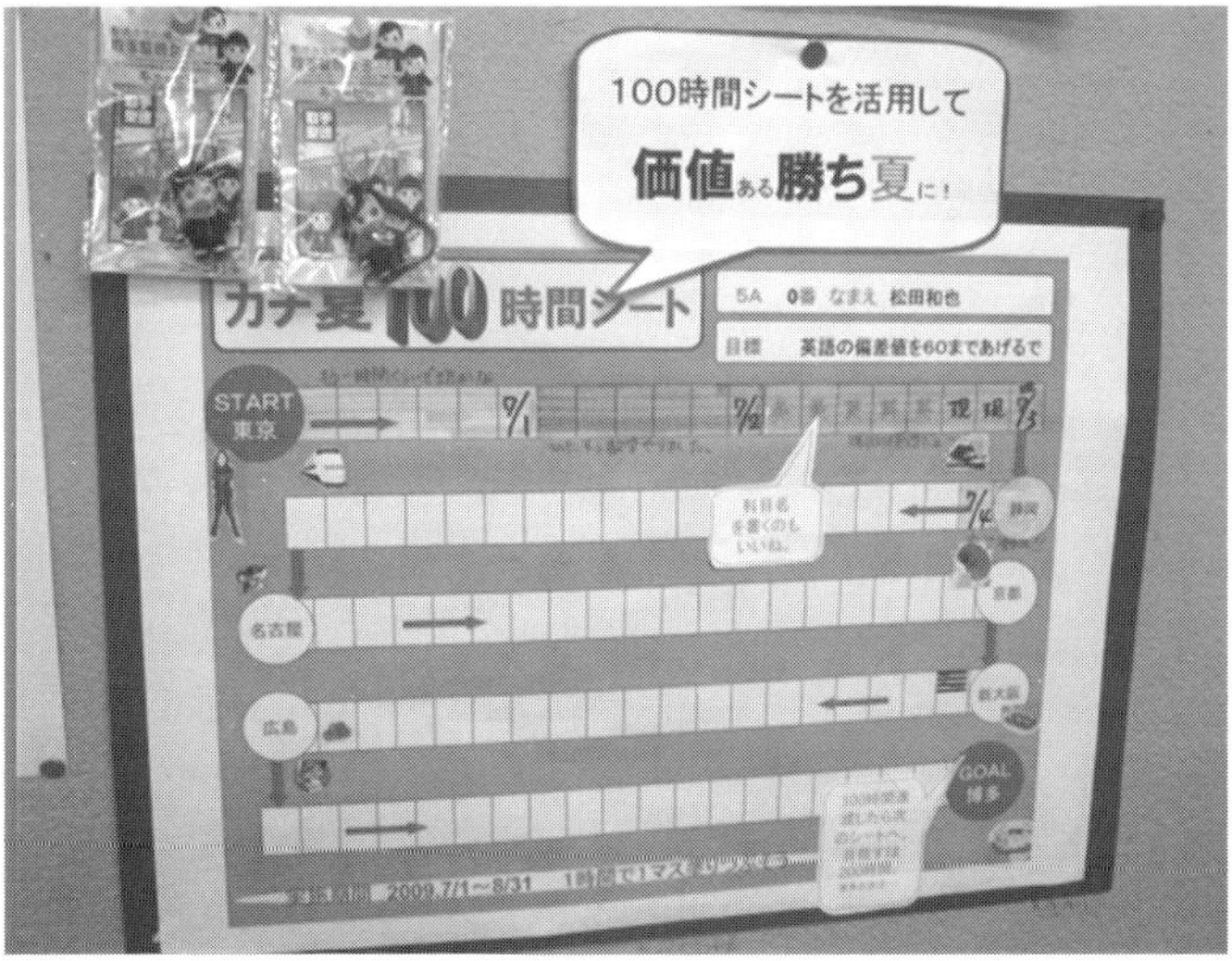

例えば、年間のカレンダーを買ってきて、「今年1年は●●を頑張るんだよ」とか、「1学期はここまでやるんだよ」というように、最終ゴールまでの中継地点を見せてあげてください。勉強法のところで紹介したスモールゴールと一緒です。途中途中で達成すべき目標を明確にしてあげてください。

③季節感

日本には四季の移り変わりがあります。春夏秋冬。節目として、それぞれの季節の移り変わりにはそれぞれの気分になります。

例えば、日本では、なぜ、4月に入学式があるのでしょうか？　4月には田植えをはじめとして草花が芽吹きます。これは人間も同じでワクワクするんですね。ワクワク＝希望というわけですから、物事をスタートするにはもってこいの季節なのです

「季節感なんて本当に必要ですか」と疑問に思う人もいるかもしれませんが、実はこの季節の移り変わりは非常に重要なのです。お正月に「今年はこうしたい！」という目標を立てたこと、ありますよね。あれも、節目のお正月にするから影響力が大きいのです。

季節感を部屋に持ってくるとはいっても、言葉だけではイメージがわかないでしょうから、写真をお見

◆季節感は大切です

せします。前ページの写真は、夏をイメージした私たちの学校の教室です。七夕のときには七夕の短冊《たんざく》飾りを用意して「あっ、この時期なんだな」と表しています。子ども部屋にもこういうことをしてあげると季節を実感することができます。ぜひ、やってあげてください。

◆理想的な子ども部屋の配置

さて、子ども部屋はどういうレイアウトがいいのでしょうか。まずはホームポジションの確保が必要です。あくまでも例ですが、ひとつ、モデルケースを挙げてみましょう。次ページを見ながら読んでください。

◎机の位置

机はドアが見える位置に置きます。その理由は、人の出入りを把握できたほうが安心できる（落ち着く）からです。

さらに、机は壁にくっつけます。囲まれたほうが人は落ち着けますし、安心感も生まれるからです。椅子については、姿勢のことを考えると、肘《ひじ》付きのものがよいと思います。

理想的な子ども部屋の配置

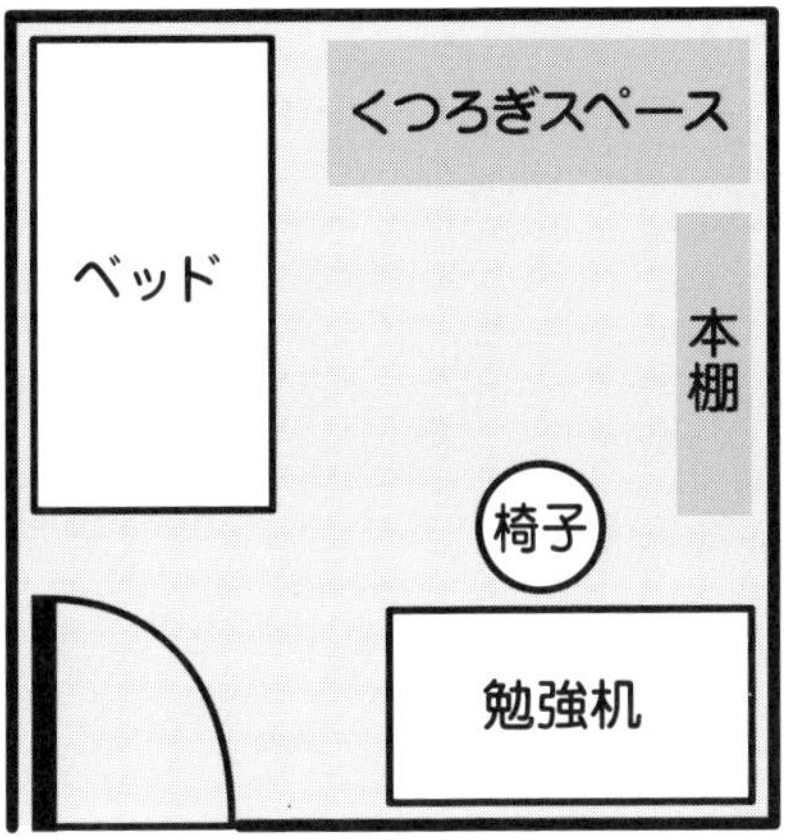

◎本棚の位置

本棚は机の正面に対して90度の位置に置きます。なぜなら、手を伸ばして、辞書や参考書などを取り出しやすくするためです。整理・整頓の一環です。

◎その他

ベッドなどは、部屋の仕様にもよると思いますので、勉強の邪魔にならないように配置してください。子どもが勉強し終わったときのためにくつろぎスペースも確保しておきましょう。勉強以外のもの（漫画やゲームなど）を勉強部屋に置くことについては賛否両論あるかと思いますが、私たちは置いてもいいと考えています。〝くつろぎ〟については「勉強の後で楽しめる」ということさえ守られていれば構いません。ただし、くつろぎスペースは勉強する空間から離れたところに置くようにしてください。

◆勉強する部屋には「音」がないようにする

79ページで、リビング学習という言葉を出しました。これは、文字通り、リビングを勉強部屋にして、学習するスタイルです。

「リビングで勉強なんてできるの？」と思われるかもしれませんが、勉強のやり方をお子さんが理解していないうちは、リビングでの学習でも問題ないと思います。その理由は、お母さんやお父さんと一緒に勉強できるからです。わからないことがすぐに聞けるのはもちろん、「今度は、これを一緒にやろうか」など、親のほうから子どもに働きかけることができる点は大きいと思います。

注意しないといけないのは「音」です。音があると集中力が途絶えますので、テレビの音などは消すように努めてください。

いずれひとりで勉強できるようになったら、リビングから離れたほうがいいのは言うまでもありません。勉強部屋を設けて学習したほうが、成績の伸びもいいと思います。勉強部屋でも、音の出るものは置かないようにするか、消しておくなど、集中できる環境にしてください。

余談ですが、私が子どものころの話をします。昔は勉強部屋などという洒落《しゃれ》たものはありませんでしたから、居間で学習することがほとんどでした。ただ、私が居間で勉強していると、ほかの家族が落ち着きません。

そこで、どうしたかというと、居間から離れた廊下で勉強できるように父親がスペースを確保してくれました。廊下に机を置いて、そこで勉強したというわけです。私が居間にいたら家族はテレビも見られませんから、きっと私が邪魔だったのでしょう（笑）。

でも、今思うと、廊下での勉強は家族にとっても、私にとっても良かったのです。家族はくつろげますし、私は集中できる環境を作ってもらえたわけですからね。

3 子どもの学力アップに効く3つのマル秘食品

お母さんが作る毎日の食事。健康のことなどを考えて、「今日はあのメニューにしようかしら。今日の献立《こんだて》はこうしようかしら」と、いろいろと頭を悩ませながら作っていることでしょう。本当にご苦労様です。

ところで、体に良い食事があること、体に好ましくない食事があることは一般的な話になってきていますが、脳にとっても良い食事があることはご存知でしょうか？　記憶をサポートするもの、集中力を高めるものなど、脳の栄養につながる食材はいろいろあります。そのうち、特に効果的なものを3つ、紹介します。

ひとつ目は**カルパス（ベビーサラミ）**です。お父さんのおつまみとしてお馴染みのあの食べ物です。なぜ、カルパスがいいのでしょうか？　実は、カルパスには亜鉛が豊富に含まれているのです。そして、この成分（亜鉛）が記憶を定着させる役割を果たしてくれるのです。お子さん用にわかりやすく説明するならば、夜、記憶を定着させるために頭の中で働いている小人たちのエネルギー源になる、というわけです。

亜鉛のサプリメントもあるようですが、サプリとして摂《と》るよりも、食べ物として摂《と》ったほうが効果が高いことがわかっています。ですから、亜鉛がたくさん含まれていて、かつ摂取しやすいカルパスを食べるのは、子どもの記憶定着を考えたとき、最適なのです。

ただし、何事にも限度があります。記憶の定着に良いからといって1日に何本も食べるのは良くありません。食べ過ぎないように、2日に1回、1日2本を目安にするといいと思います。

2つ目は**バナナ**です。セロトニン効果が期待できます。子どもの様子を見たときに、元気がないように感じる、もしくはやる気がないように感じるときにはバナナを1本食べさせてください。30分後には元気が出て、だるさも取れて、やる気が出ます。それが2時間続きます。

お母さんが特に気をつけなくてはいけないのは、テスト前や受験前です。試験を控えると子どもたちはどうしても無理をしてしまいがちになります。「食事をきちんとしなさい」といっても、その時間さえも惜《お》しんで、勉強時間に充ててしまう子どももいるほどです。

でも、「腹が減っては戦《いくさ》はできぬ」ではありませんが、食べるものも食べずに、元気のない状態で試験に

おいしそうですね〜！

元気の源

グルタミン酸
が豊富

挑んでも良い結果はなかなか得られません。

そういう状況になったときに心強いのがバナナなのです。例えば、入学試験の会場で、試験が始まる30分前にバナナを食べておくといいです。2時間で効果がなくなるので、またそこで補充をする。これで元気が出るし、頭も働きます。

ただし、この効能を打ち消してしまうものがあるので注意してください。バナナの効果をなくすものは乳製品です。例えば、ヨーグルトの中にバナナが入っているバナナヨーグルトなどは、心が安定し、眠くなる場合があります（※乳製品には，マグネシウム・カルシウムが多く含まれています。これらの物質は、バナナに含まれているセロトニンの働きを阻害するとされています。一部のヨーグルトには，カルシウムが少ないものもあるようですが，乳製品とバナナの取り合わせは、元気一杯に活動したいときには不向きです）。活躍したいときには、バナナと乳製品を一緒に摂《と》らないようにしてください。

3つ目は**豆腐とわかめの味噌汁（もしくはアサリの味噌汁）**です。豆腐とわかめの味噌汁にはグルタミン酸が豊富に含まれています。グルタミン酸を摂取すると落ち着きが出て集中力が出ます。

某大学の学食の定食に1年間ずっと出ていたのがこの味噌汁でした。効果は、はっきりと学生の態度に表れました。その効果とは、もちろん、集中力が出たというものです。

この3つがお母さんたちに教えるマル秘の脳の栄養です。例えば、寝る前にはカルパスを2日に1回、2本食べ続ける。元気のないときやテストの前にはバナナを、夕飯のときには豆腐とわかめの味噌汁（もしくはアサリの味噌汁）を食べていくと落ち着きが出て集中力が増します。ぜひやってみてください。

4 規則正しい生活をする ～三点固定主義～

子どもの学力を上げるために家庭でやっておくと良いことのひとつとして、「規則正しい生活をする」ということもあります。生活のリズムを整えるというわけです。

銀行系シンクタンクが全国学力学習状況調査（小学校6年生と中学校3年生は全員受けるもの）を実施し、その結果を分析しました。学力の高い子どもがいた都道府県を上から見ていくと、1位は秋田県、2位は福井県、3位は石川県、4位は青森県の順番になりました。

この調査は、回答を終えるまでに相当時間がかかるのですが、それだけにみんなまじめに答えてくれます。例えば、小学6年生には「123の設問」があります。生活習慣や規範意識、人格、社会への関心、コミュニケーション能力について聞いたりなど、本当にいろいろなことを質問するのです。

さて、ここからが本題です。この全国学力学習調査の結果、上位にきた県に共通している、たったひとつの事柄が見つかりました。それが何だかわかりますか？

答えを言いますと、先ほど挙げた「規則正しい生活」だったのです。これ以外に共通しているものはひとつもなかったのです。

ここまでお話ししたら、「規則正しい生活とは何を指すのか」、知りたくなってきますよね。それでは、何をもって規則正しい生活というのか、説明します。

規則正しい生活とは三点固定の生活を指します。起きる時間、寝る時間、勉強を始める時間、この3つを固定するのです。朝は7時に起きる、午後11時には必ず寝る。勉強を始める時間は午後9時にするという具合に、毎日の起きる時間、寝る時間、勉強する時間を決め、その生活リズムを守るというわけです。こういう生活を家庭で実施していたのが先ほどの上位県なのです。

では、実際、起きるのは何時くらいがいいのでしょうか。これは、ケース・バイ・ケースになるでしょうが、6時30分から7時くらいに起きるのが良いと思います。

寝る時間についても考えてみましょう。実は、**睡眠にはゴールデンタイムがあります。**睡眠のゴールデンタイムとは、記憶が整理されて、記憶を定着させる時間のことを言います。具体的に、何時から何時までのことをゴールデンタイムかというと午前1時～3時です。だから、夜遅くまで勉強させて、良い学校に行かせようと思うことは、実は非効率なのです。学力アップを図りたいのなら、睡眠のゴールデンタイムを絶対に外さないようにしてください。

勉強する時間についても考察しましょう。覚えたことを定着させるにはゴールデンタイム（午前1時～3時）に睡眠をとっている必要性があるというお話をしました。このことを考えると、勉強を終える時間が自然に決まってきます。仮に、午前1時には夢の世界にいる状態にしようと思うならば、少なくとも午前零時には布団の中に入っていないといけません。

理想的なのは、勉強が終わったらすぐに寝るパターンです。ということは、それまでに食事とお風呂を済ませておく必要があります。例えば、どんなに遅くても午前零時に寝るとして（理想は午後11時ごろ）、1日2時間勉強すると決めたのであれば、午後10時が勉強を開始する時間になります。1日3時間勉強すると決めたのであれば、午後9時が勉強を始める時間になります。

もう一度、おさらいしておきましょう。起きる時間と寝る時間、勉強する時間の3点を固定した規則正しい生活が学力アップに役立つことを覚えてください。そのうえで、小学生であれば、起きる時間は

リズムを整える 三点固定

※小学生の場合

7時、寝る時間は午後10時、勉強を開始する時間はひとりで勉強するなら帰宅後すぐの午後4時ごろがいいでしょう。中学生であれば、起きる時間は7時、寝る時間は午後11時（~午前零時）、勉強を開始する時間は部活動などもあって、帰宅後すぐには難しいでしょうから、午後9時くらいで考えておくとよいかと思います。

コラム：遅くまで勉強させないこと

睡眠時間について、覚えたことを定着しやすくするためにも午前零時には寝たほうがよいという話をしました。実は、睡眠は記憶を助けるだけではなく、健康面においても重要な要素なのです。

某県立中央病院の小児科のお医者さんから聞いた話を紹介しましょう。小児科で今一番問題になっているのは、「中学生になったら子どもたち（特に女の子）がバタバタと倒れてしまう」ことなのだそうです。どうやら、中学受験に向けて、本来、取らなければいけない睡眠時間を削って猛勉強してきたことが中学生活にも影響を及ぼしているようなのです。どういうことかといいますと……。

「こんな良い中学校に受かって良かったね。これからも頑張るんだよ」

親御さんにこのように言われて、子どもは純粋に、受験前と同じ生活をするわけです。すると、先ほどお話しした三点固定が崩れてきます。頑張りすぎてゴールデンタイムに寝付けないようになると、記憶の定着もままなりません。ですから、思うような成果も出ません。そのうち、取るべき睡眠を取らないためにバタバタ倒れるというわけです。

だから、うちの学校（取手聖徳女子中学校・高等学校）では中学1年生に「何時まで勉強した？」と入学したらすぐに聞いています。もし夜中まで勉強しているという子どもがいたら「絶対にダメだよ」と諭します。同時に、保護者の方も集めて「夜遅くまで勉強させない」ように説明します。「絶対に遅くまで勉強させないでください、寝かしてください。でないと、この子つぶれますよ」と。

こういう実例があるので、うちの学校ではロケットスタートを切らずにゆっくり進むことを徹指しています。それが、体や心を壊すことなく、勉強を継続する方法です。スモールゴールを目指してスモールステップで進んでいけば、受験前に焦って勉強しなくても大丈夫です。

先ほども少し触れましたが、小学生なら、夜は午後10時に寝て、朝は7時くらいに起きるのがいいでしょう。9時間くらいの睡眠時間ですが、この時期にはこのくらいは必要だと思います。中高生については睡眠時間は7・5〜8時間で十分です。午後11時に寝て7時に起きる。こういうリズムでいいと思います。

とにかく「睡眠を取る」ということは、学力アップ（記憶の定着）にも、健康にも必要なことを忘れないでほしいと思います。

あとがき

明治以来続けられてきた「教育改革」は、大きな転換期を迎えています。「ゆとり」の時代が終わり、「生きる力」を育む時代になりつつあります。

「学習法」や「勉強法」は、世の中にたくさん存在しています。しかし、「玉石混交」で「何が効果的なのか？」はわからない状態になっています。

そのような状況の中、私たちが聖徳大学附属取手聖徳女子中学校・高等学校で取り組んでいるのは、落ちこぼれを作らずに学力を伸ばす「復習継続法」です。前作『行動科学に基づいた驚異の復習継続法』では、この「学習法」に特化してお話ししました。しかし、取手聖徳女子中高の生徒たちが伸びた秘密は、実は他にもあります。

今作では、「空間環境」「脳の成長に役立つ食品」「三点固定（規則正しい生活を維持するコツ）」についてもまとめました。すべて、本校で実践していることばかりです。

「学問に王道なし」という言葉があります。これは、エジプト王がユークリッドに幾何学を簡単に学ぶ方法がないかと尋ねたとき、ユークリッドが「幾何学に王道なし」と答えたところから生まれたとされる言葉です。学問というものはひとつひとつ積み重ねていくことでのみ習得できるもの。努力なしに学問を身につける方法はありません。

多くの保護者の方、特にお母さんは、子どもの学習についてたくさんの悩みを抱えています。「学問に王道なし」は皆さんがわかっていることです。しかし、子どもたちの成長と幸せを願う親は「王道」とは何かを知りたいのです。

「学習法」は突き詰めると、「どこで、どれだけ、どのように勉強するのか？」に集約されます。本書が推奨する「勉強法」と「生活法」、そして、親ができる心身のサポートを実践・継続してみてください。

子どものためなら我が身を削って支えてやりたいと、すべての〝親〟が考えています。その「気持ち」を「行動」に移す方法を本書にまとめました。我が子の健やかな未来のために、親だからこそできることがあります。親でなければできないことがあります。本書が、悩めるお父さん、お母さんの助けになれば幸いです。

最後になりましたが、本書の推奨する「勉強法」「生活法」は、学校生活のみならず、社会生活にも役立つスキルだと考えています。これらの視点を活かし応用することで、また生活や仕事を見直すことで、自己のスキルアップや職場全体の向上につながると考えます。父親・母親が〝実践者〟の視点を持つことで、子どもたちへのサポートのスキルもアップします。

何かひとつだけでも、しっかり続けることができれば、結果が大きく変わります。ぜひ、お父さん、お母さんも実践してみてください。

本書が、ひとりひとりの子どもたちの成長に活かされることを願ってやみません。

なお本書を執筆するにあたり、鈴木由美先生、張替起子先生のお二人の先生方から助言、監修などをしていただいたことを感謝申し上げます。また、磯崎公亜氏には編集で多大な協力をしていただいたことを感謝申し上げます。「子どもたちの健やかな成長のためなら」と言って、本当に力強く支えてくださったことに、繰り返しになりますが、感謝申し上げます。

長野雅弘

著者紹介：長野雅弘

名古屋市生まれ。南山大学外国語学部卒業後、教職に就く。数校の校長職を経て、現在　聖徳大学附属取手聖徳女子中学校・高等学校校長として６期目。また、聖徳大学児童学部教授で、教師を目指す学生を指導している。全国的な教育ネットワークを持つ。『行動科学に基づいた驚異の復習継続法』（パンローリング）、『女の子の学力の伸ばし方　心の育て方』（あさ出版）、『思春期の女の子の育て方』（ディスカバー２１）など、著書多数。

監修者紹介：鈴木由美

聖徳大学児童学部児童学科教授。筑波大学大学院教育研究科修士課程カウンセリング専攻修了。主な著書に『グループカウンセリング　子どもが育ちあう学級集団づくり（田上不二夫編　宿泊学習担当）』（金子書房）、『子どもが変わる　親の話し方・接し方』（ベースボールマガジン社）などがある。日本カウンセリング学会理事、日本教育カウンセラー学会常任理事。日本教育心理学会、日本臨床心理学会所属。

2014年09月05日　第1刷発行

あなたの子どもは頭がいい！

小さな子どもの学力を、ラクに、グ～ンと伸ばす３つのお話

著　者　　長野雅弘
監修者　　鈴木由美
発行者　　後藤康徳
発行所　　パンローリング株式会社
〒160-0023　東京都新宿区西新宿7-9-18-6F
TEL 03-5386-7391　FAX 03-5386-7393
http://www.panrolling.com
E-mail　info@panrolling.com
装　丁　　パンローリング装丁室
組　版　　パンローリング制作室
印刷・製本　株式会社シナノ

ISBN978-4-7759-4125-6
落丁・乱丁本はお取り替えします。

Pan Rolling オーディオブックシリーズ

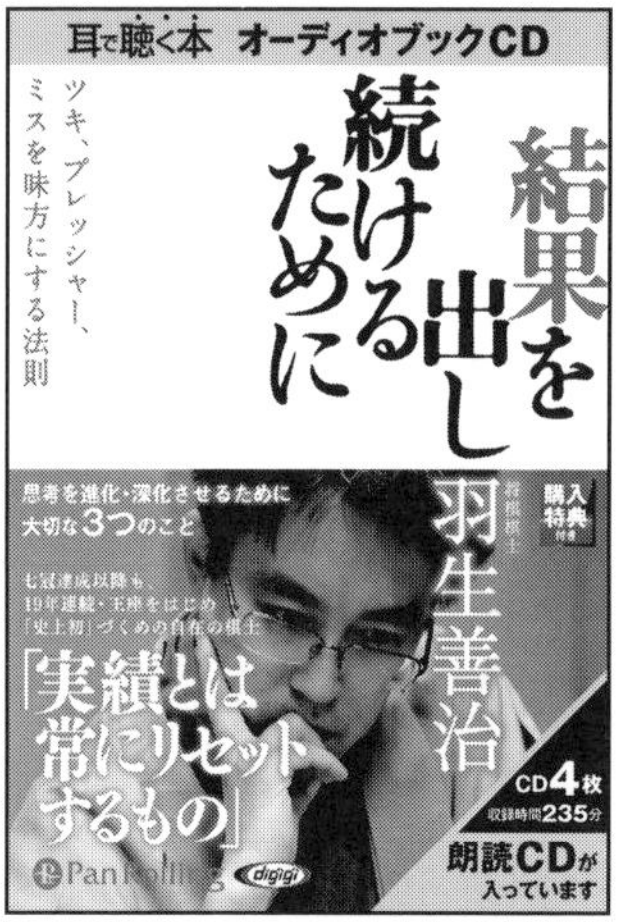

結果を出し続けるために

羽生善治【著】

定価 本体1,800円+税　ISBN:9784775924419 CD 4枚 約235分

人は、普通に続けられることしか続かない。思考を進化・深化させるために大切な3つのこと。変化が激しい時代の実力の磨き方。

18歳での竜王位奪取、25歳での史上初の七冠達成以降、頂点を極めて、今なおトップを走り続ける羽生名人。閉塞感の強い、先行き不透明な時代を切り拓いていくためにも、究極の「考える仕事」である将棋棋士として、20年以上トップを走り続けて培った3つの秘訣を明かす。

頭がよくなる思考法

齋藤孝【著】

定価 本体1,800円+税　ISBN:9784775924297 CD 4枚 約256分

環境や時代に左右されない
骨太の思考力をぜひ身につけてください！

ネット時代に淘汰されることなく生き残っていくためには、「検索バカ」になることなく、「自分の頭でとことん考える力」が必要です。「ネット検索をほとんどしない」という斎藤孝氏が、フッサールの「現象学」とヘーゲルの「弁証法」を題材に、7つの思考のワザ・自身の知的生産活動をも支える「骨太の思考術」を紹介します。

手塚治虫 未来へのことば

手塚治虫【著】

定価 本体1,100円+税　ISBN:9784775925447 CD 1枚 約47分

世代、時代を問わず、「漫画の神様」は
語りかけてきます！

手塚治虫の残した精神やメッセージを集めました。その言葉の向こうにあるものは、ただひたすら「最高の作品を提供したい。子どもたちにしっかりテーマを伝え、メッセージを送りたい」の一心です。

Audio Book

Pan Rolling オーディオブックシリーズ

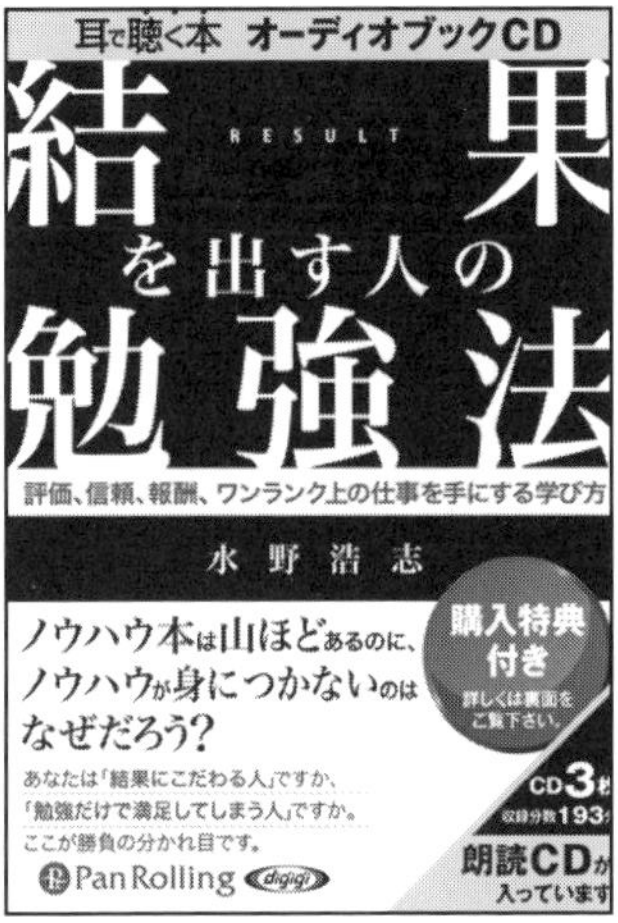

結果を出す人の勉強法

水野浩志【著】

定価 本体2,000円+税　ISBN:9784775923634 CD 3枚 約193分

ノウハウ本は山ほどあるのに、ノウハウが身につかないのはなぜだろう?

これまでは、勉強のための勉強法の本しかなかった。

結果を出すには、勉強を結果に結びつける仕組みを知らなければなりません。「何を」「どう」勉強するかを正しく知らなければなりません。これらをすべて「実践」しなければなりません。

このオーディオブックには、そのためのすべてがあります。

東大医学部生が書いた頭がよくなる勉強法

石井大地【著】

定価 本体2,800円+税　ISBN:9784775927816 CD 4枚 約250分

頭のよさって何なの?

頭のよさとは何か。これが分かっていないのに、いいだの、悪いだのと評価することはできません。

頭のよさとは、「問題設定と問題解決の能力」である。

読んで字のごとく、自分が何をしなければならないかを見極め(=問題設定)、それを確実に達成する(=問題解決)ことができる能力のことです。この能力があれば、どんな場面においても結果を出すことができます。

脳と心を味方につける マインドハックス勉強法

佐々木正悟【著】

定価 本体1,800円+税　ISBN:9784775924204 CD 3枚 約198分

勉強を、"快感"にする! 誰でも楽しく続けられる50のテクニック

脳心理学をもとに、時間や超人的な精神力がなくても、楽しく勉強が続けられ、成果がついてくるテクニックを紹介します。

勉強のやり方

＋

勉強の続け方

＝

学力アップ

「○○をやりなさい」だけで
終わることなく
「どういう行動を取ればいいのか」
に焦点を当てている勉強法

1年半で 平均偏差値 約6ポイントUP

著者
聖徳大学附属 取手聖徳女子 中学校 高等学校 校長
長野雅弘
社団法人行動科学マネジメント研究所所長
石田淳

行動科学に基づいた
驚異の「復習継続法」

好評発売中

A5判 ソフトカバー 208頁
ISBN 9784775941201　定価：本体価格1,300＋税